U0592387

画说国学丛书

画说孔子七十二贤

张乐群 著

中国书籍出版社
China Book Press

国学画集丛书编委会

李宝库（原民政部副部长　政协十届委员）
高　潮（原中国科协书记 中国动漫协会主席 部级）
董彦璋（世界城市科学发展联盟主席）
岳宣义（原中国司法部 部长）
陈启民（原新华社高级记者）
高树茂（原世界知识出版社社长）
王树盛（原国家副主席乌兰夫秘书）
唐荣勋（中国地方政府创新与管理研究中心副主任）
沈志祥（中国中医药协会会长）
旷　欣（中国深圳报业集团副总）
王　平（中国书籍出版社社长）
杜金红（中国三峡出版社副社长）
范正青（中国社会科学院经济学博士）
章晓洪（锦天城律师事务所 博士后）
岳海军（中国日史编委会副主任）
张伊沙（中华孝道教育基金秘书）
赵云博（凤凰卫视 凤凰周刊 生活主编）
徐逢蔚（世界华人艺术家联合会执行会长）
许艳辉（中国书籍出版社责编）
周　奇（中西文化促进会主编）
李翠英（中西文化促进会编辑）

序　言

张雷

孔子，中国古代伟大的思想家、教育家、理论家、政治家。中国儒家学派创始人，世界著名的文化名人之一，孔子把西周至春秋时代的诗歌三千多篇，修定成305篇，后人称“诗三百”。孔子用诗歌启发仁心、陶冶性格。孔子把春秋以前的政治资料整理为《尚书》，增长了人们的历史知识，并指导古人如何处理政事。《仪礼》与《周礼》、《礼记》称为“三礼”，孔子对西周礼制有深入的研究。孔子认为音乐可以教化人的道德因而编著《乐经》。孔子认为《周易》研究人生哲理，八卦象征着大自然中的天、地、风、雷、水、火、山、泽。孔子根据鲁国历史记载整理成《春秋》一书，《史记》称《春秋》“微言大义”，是乱臣贼子畏惧的一部著作。

孔子创立的儒学是一种永久性的文化，也是一种思想、学说。是人们喜闻乐见的礼教规范和行为方式。孔子创建的儒家思想，推崇德义、砥砺伦常，是加强人们道德修养的法宝。随着时代的发展，科学研究孔子的时代已经到来。孔子是中国的，儒学却是世界的，孔子的儒学思想文化正在为越来越多的国家和地区接受和认可，儒家思想将把人类带入一个和平、稳定、繁荣、进步的新时代。

孔子弟子三千多人，其中有七十二位学生精通六艺，是当时各国的栋梁之才。他们的言行被编著成《论语》，《论语》成为世界上影响巨大的名著之一。

《论语》是由孔子弟子及其再传弟子相继编纂而成的。它以记录和对话文体为主，体现了孔子的政治主张、伦理思想、道德观念及教育原则。《论语》、《中庸》、《孟子》、《大学》并称“四书”。《论语》语言精练，含义深刻，被后人视为至理。

孔子提倡的“仁”和“礼”密切相关，在治国方略上，他主张“以德为政”，用道德和礼教来治理国家，这是最高尚的治国之道，这种治国方略也叫“德治”或“礼治”。这种方略把德与礼用之于民，实际上起到了打破传统礼义不能用之于民的信条，也即打破了贵族与老百姓之间的界线。孔子的“仁”体现了人道主义精神，孔子的“礼”则体现了礼制精神，就是现代社会所说的“秩序”和“制度”。人道主义是人类永恒的主题，对于任何社会、任何时代、任何一个政府都是十分实用的。而“秩序”和“制度”是建立人类文明社会的基本要求，孔子的这种人道主义和秩序精神是中国古代和现代社会政治思想的精华。

在悠久的华夏历史长河中，儒家始终保持着仁爱、和谐的精神特质。它以开放的姿态，包容着不同时代的思想精华，为世界文明的延续作出了重要贡献。

目 录

说真话不需要记住说过什么，
说假话要考虑撒谎的后果。
孔子说：花言巧语，伪善的面貌，
这种人「仁德」是不会多的。

(2)

孔子生平

孔子祖先是殷商的后代，商朝名臣微子启封于宋（今河南商丘一带）。自孔子六世祖之后，后代子孙开始姓孔，其曾祖父孔防叔为了逃避宋国内乱，从宋国逃到鲁国（今山东曲阜一带）。孔子的父亲叔梁纥（叔梁为字，纥为名），是鲁国出名的勇士。娶妻施氏，生九女，无子，与妾生一子取名孟皮，足有疾。后与颜氏生下孔子，取名丘，字仲尼。孔子三岁父亲病逝，之后家境十分贫寒。

孔子一生在政治上没有大作为，他把很大的精力用在教育事业上。孔子在鲁国任过司寇（一国宰相）一职。后带弟子周游列国，最后返回鲁国专心执教。他开创了私学，弟子多达三千，其中七十二贤都在各国担任高官，是各国的栋梁之才。

孔子一生修《诗》、《书》，订《礼》、《乐》，序《周易》，著《春秋》。一生传授弟子三千，与弟子的言行被记录编著成《论语》，后人尊称为“至圣先师”、“万世师表”。

孔子与孟子并称“孔孟”，孟子被尊称为“亚圣”。

孔子的出生

孔子的父亲叔梁纥先娶施氏为妻，后又向颜氏求婚。颜氏名征在，她嫁给叔梁纥不久，就怀孕了。由于求子心切，他们到曲阜郊外的尼丘山祈祷，祈求生个儿子。十个月后，征在真的生下了一个男孩，便是孔子。他们就给孔子取名为丘，字仲尼。

关于孔子的出生还有许多神奇的传说。其中有两则广为流传，一是“麒麟送子”；二是“凤生虎养鹰打扇”的传说。

(5)

孔子的家庭

孔子是鲁国人，他曾经说自己是殷商的后裔，“而丘也，殷人也”。周武王灭殷之后，封殷商的微子启于宋。孔子的先祖孔父嘉是宋国宗室，因为距离宋国始祖已经超过了五代，便更改为孔氏。

据《史记》记载，孔父嘉的后人防叔畏惧当权者的逼迫，于是出奔到鲁国。防叔生伯夏，伯夏生叔梁纥，叔梁纥就是孔子的父亲。因此孔子便成为鲁国人，但也是殷商的后裔。

(7)

孔子的生活

孔子所处的时代是奴隶社会衰亡、新兴封建社会逐渐兴起之时。孔子亲眼目睹国家的大变化，在这种变革动荡中，各种思想蜂拥而起。孔子幼年时生活很艰苦，青年时期也不被人重视，孔子的志向很大，要做到“老者安之，朋友信之，少者怀之”。中年时他曾周游各国，到了晚年才终于又回到鲁国。

天·地·人合一

孔子的思想体系

孔子的思想体系形成渊源比较复杂，其思想主要源于社会环境及自身的追求。当时社会正处于转型期，孔子的先祖曾是殷商贵族，而到了孔子时，其家族早从贵族降为一般贫民。

鲁国是周朝的同姓诸侯国之一。姬姓，侯爵。武王伐纣，歧周代商。武王发封其弟周公旦于少昊之虚曲阜，是为鲁公。周公旦不去赴任，留下来辅佐武王，武王死后辅佐周成王。其子伯禽，继位为鲁公。周公旦曾为西周奴隶社会制作礼乐典章法度，鲁国当时的礼乐制度保存尚好，“周礼尽在鲁矣”。

孔子身为鲁国人，更注重礼乐的复兴，他曾说“信而好古”，又提出“克己复礼”的主张。孔子勤奋努力，熟知当时兴起的各种学派、思想，孔子的思想渊源比较复杂，所受的影响也是多方面的。

(12)

孔子论卜筮

“卜”是殷商预知未来事情的手段。而“筮”则是周代预知未来事情的手段方法。《周易》讲占卜，被称为“六经”之首。殷商时虽大多数人相信卜筮及鬼神，但孔子却想不出他们存在的道理。

孔子读《周易》曾韦编三绝，可见孔子对《周易》所下的工夫，他曾为《周易》做“传”。孔子曾讲：“五十而读易可以无过矣。”对于卜筮的态度，孔子引用易经“不恒其德，或承之羞”的观点，意思是不必占卜了。后人在孔子解说《周易》的基础上，将《周易》归入伦理道德之书。

桃梨满天下

孔子的政治观

孔子生活在春秋时代，他是一个很有理想、很有志向的人。他创立以了仁礼为核心的政治思想，这些思想影响着中国古代的政治制度，成为中华民族历代王朝政治统治思想的核心。孔子创立的以仁礼为核心的政治思想，突出道德在政治统治中的作用，孔子的思想体系中，注重仁和礼的结合，实质上是注重了仁道与政治的结合，从而对周礼作了重大的修改。

孔子热心救世，但是在当时的各国，并没有太多的人回应他。孔子的政治思想可以从《尧曰篇》看出，“谨权量，审法度”都是孔子的政治主张。孔子曾说，治理国家要重视三件事：粮食足、军无所缺、人民信任。而人民信任是极为重要的。

千古奇书代代流传

孔子论天命

孔子身为殷商后裔，出生于鲁国。据考证这两个国家比其他各国更为迷信天命。孔子在自己的言谈中曾多次讲到“天命”，但孔子并不认为天真是主宰、真有意志。孔子曾讲“生死有命，富贵在天”；再如“五十而知天命”及“君子有三畏：畏天命，畏大人，畏圣人之言，小人不知天命而不畏也”。

在科学发展有限的古代，人们不能很好地认识身边发生的一些偶然或必然的事情，而把这些都归之于“天”和“命”也是情有可原的。

中华之魂千秋万代
颂扬：壬辰年五月
于北京东辉

孔子论鬼神

孔子对鬼神的存在是持怀疑态度的。他讲到：“祭如在，祭神如神在。”也就是说祭祀祖先或鬼神就好像他们真的在那里一样。在其他的记载中，他也曾多次提出反对鬼神的学说。如楚昭王病重，拒绝祭神，孔子赞美他“知大道”。孔子又讲“未知生，焉知死”。

但整体而言，孔子对鬼神的态度可以理解为“信则有，不信则无”。至于对死和鬼的问题，孔子总是避而不答，这也是他的一种态度。孔子虽然不大相信鬼神的实际存在，却也不会公开去否定。

十年树木百年树人
壬辰年五月於北京

孔子的人生观

孔子的政治主张有些保守，如他提出的“兴灭国，继绝世”，甚至大重礼乐“克己复礼”。但他的人生观基本上是进步的，是与时代合拍的。

其人生观有积极的一面，他说过：“发愤忘食、乐以忘忧，不知老之将至。”他能够过着穷苦的生活，而视富贵如浮云。他曾称赞颜回：“一箪食，一瓢饮，在陋巷，人不堪其忧，回也不改其乐，贤哉回也。”由此可见孔子的人生态度。

孔子的忠与仁

春秋时期，各国尚且重视“礼乐”，而孔子“信而好古”，对礼乐尤为热衷，他提倡“克己复礼”。春秋时代社会比较混乱，孔子批判地继承春秋时代的思想。他注重“礼”的回归，更注重“仁”；认为没有仁，也就谈不上礼。如他提到：“人而不仁，如礼何？”

孔子在其言论中多次提到“仁”的思想，更是“克己复礼为仁”的凸显。孔子的弟子多接受了孔子“仁”的思想教导。孔子对忠恕有更深的了解，可以说“忠恕”和“仁”均是孔子思想体系的核心部分。

中华·国学

孔子的功绩

孔子，中国古代伟大的思想家、教育家、理论家、政治家。中国儒家学派创始人，世界著名的文化名人之一。

孔子的历史功绩主要表现在四个方面：

第一，孔子是教育家。孔子打破了贵族对教育的独占，创办了中国历史上第一所平民学校，这在中国历史和世界教育史上都是伟大的创举。

第二，孔子是思想家。他提出以人为本的人本思想、仁学学说体系、以德治为中心的政治思想、完善个人道德的修养论，并确立了以中庸哲学为基础、以礼制为形式而建构和谐社会的理想，这些思想学说都达到他那个时代的认识高度。

第三，孔子是古文献整理专家、中国上古时代的大学者。他亲手完成了六种古籍的整理和编纂。这六种古籍是《诗》、《书》、《礼》、《易》、《乐》和《春秋》。

第四，孔子是儒家学派的创始人。孔子先后有弟子三千，其中著名人物七十二人，他的弟子一部分从政，大多数从事司礼或教育工作。他们代代相传，奉孔子为祖师，读孔子编定的教材，孔门弟子在战国时期形成儒家学派。

六艺

孔子儒学的意义

孔子创立的儒学在中国和世界广为传播。儒家文化是一种永久性的文化，也是一种思想、学说，它规范着人们的礼仪表现和行为方式。儒家思想倡导仁义，有改变社会风气的作用。孔子创建的儒家思想，推崇德义、砥砺伦常，是加强人们道德修养的法宝。

随着时代的发展，科学研究孔子的时代已经到来。孔子是中国的，儒学却是世界的。如今，儒学思想文化已经深入人心，越来越多的国家和地区已经认识、接受并开始研究儒学。儒家思想将把人类带入一个和平、稳定、繁荣、进步的新时代，并为人类指明前进的方向。

孔子的三千弟子

孔子弟子三千多人，其中有七十二位学生精通六艺，是当时各国的栋梁之才。孔子及其弟子的言行被编著成《论语》，《论语》是世界上影响巨大的名著之一。

孔子收弟子不论贫贱，不分贵富，有些甚至父子同堂。孔子授徒不收学费，只要年龄够了，孔子都愿意教诲。孔子的教育理念就是有教无类，各种出身的人都可以跟随孔子学习，但是学习态度要真诚，所以孔子的弟子众多。孔子以前的时代，只有贵族才能受教育，孔子打破了这个局限，这是他从事教育的一大成功，在当时具有划时代的意义。

孔子与弟子

孔子著

孔子对后世的影响

孔子提倡“仁”和“礼”，在治国的方略上，他主张“以德为政”，用道德和礼教来治理国家，这是最高尚的治国之道，这种治国方略也叫“德治”或“礼治”。这种方略把德与礼用之于民，实际上打破了传统礼义不能用之于民的信条，也就是打破了贵族与老百姓之间的界线。孔子的“仁”体现了人道主义精神，孔子的“礼”则体现了礼制精神，就是现代社会所说的“秩序”和“制度”。人道主义是人类永恒的主题，对任何社会、任何时代、任何一个政府都十分实用。而“秩序”和“制度”是建立人类文明社会的基本要求，孔子的这种人道主义和秩序精神是中国古代社会政治思想的精华。

在悠久的华夏历史文明长河中，儒学始终保持着仁爱、和谐的精神特质，它以开放的姿态，包容着不同时代的思想精华，为世界文明的延续作出了重要贡献。当今社会出现的种种问题，如生态危机、精神危机、道德危机和价值信仰危机等正在影响着人类社会的健康发展，而孔子创立的儒家思想恰好能带给我们全新的解决思路和方法。

颜 回

颜回，字子渊，鲁国人（今山东人）。比孔子小三十岁，孔子最得意的学生。后人称七十二贤之首，又称儒家五圣之一，尊他为复圣。

闵损

字子骞，鲁国人（今山东人）。比孔子小十五岁，孔子称他德行高，孝心大，人品高尚，作风正派。

冉 耕

冉耕，字伯牛，鲁国人（今山东人）。孔子称他人品、素质好，以德高著称。

冉 雍

冉雍，字仲弓，鲁国人（今山东人）。与冉耕同族，孔子称赞他品德高尚。

仲 由

仲由，字子路，比孔子小九岁。孔子喜欢他正直、勇敢、直爽。

冉 求

冉求，字子有，鲁国人（今山东人）。比孔子小二十九岁，与二冉同族。多才艺，人品正直。

宰 予

宰予，字子我，鲁国人（今山东人）。学习非常刻苦，文学知识优秀，才华出众。

端木赐

端木赐，字子贡，卫国人（今河南人）才华出众，有较强的外交才能，又善于理财经商，是杰出的政治人才。

言偃

言偃，字子游，吴国人（今江苏省苏州人）。比孔子小四十五岁，以文学知识优异著称。

卜 商

卜商，字子夏，卫国人（今河南人）。比孔子小四十四岁。孔子鼓励他做一个君子儒者。他教学严谨，修正了史料中的很多错误，名声很大。

公冶长

公冶长，字子长，齐国（今山东）人，为人正直，度量大，能忍受各种人的行为，待人宽厚。

曾 参

曾参，字子舆，南武城（今山东省嘉祥县城南）人，孔子孙子的老师，儒家五圣之一，后人称宗圣，政治家、军事家。

澹台灭明

澹台灭明，字子羽，鲁国（今山东）人，他比孔子小三十九岁。为人敢说敢为，重信义，他的弟子三百人。

颛孙师

颛孙师，字子张，陈国阳城（今河南登封）人，他比孔子小四十八岁，容貌出众，广交友人，为人大方，待人宽厚。

原 宪

原宪，字子思，宋国（今河南）人，比孔子小三十六岁。为人一生平静淡雅，不求富贵，以勤学苦读为乐。

宓不齐

宓不齐，字子贱，鲁国（今山东）人。比孔子小三十岁。做过官，有才华，有仁义之心，孔子称他为君子。

公皙哀

公皙哀，字季次，齐国（今山东）人，一生贫穷，不贪图钱财，再困难也不去做人家的佣人，孔子很赏识他。

南宫括

南宫括，字子容。鲁国（今山东）人，他以智慧才能为重，在社会变革中，不乱自己的主见。孔子称他为君子。

颜无繇

颜无繇，字季路，鲁国（今山东）人，颜回之父，比孔子小六岁，父子俩都拜孔子为师。

曾 点

曾点，字子晳，曾参之父，鲁国（今山东）人，孔子称他为人潇洒、风度出众。

高柴

高柴，字子羔，卫国（今河南）人，在孔子的教导下以礼节为重，从不违反礼义，以尊老孝亲著称。

商 瞿

商瞿，字子木，鲁国（今山东）人，比孔子小二十九岁，对《易经》很感兴趣，得到孔子的喜爱和真传。

漆雕开

漆雕开，字子开，鲁国（今山东）人。比孔子小十一岁，喜欢读《尚书》，很受孔子喜欢。

公伯缭

公伯缭，字子周，鲁国（今山东）人。在孔子的弟子中名列第二十四位，是孔子学生中最重要的人之一。

司马耕

司马耕，字子牛，宋国（今河南）人，拜孔子为师，先后去过吴国、齐国、鲁国。

樊 须

樊须，字子迟，鲁国（今山东）人，比孔子小三十六岁，向孔子学习农业方面的知识。

有若

有若，字子有，在孔子众多弟子中是一个突出的学生，被称为有子，与颜渊、曾参齐名。

公西赤

公西赤，字子华，鲁国（今山东）人，比孔子小四十二岁。跟随孔子学习宾主之礼仪，熟习宗庙之事。

巫马施

巫马施，字子期，鲁国（今山东）人，比孔子小三十岁。一生以勤奋著名，办事认真。

梁 鳣

梁鳣，字叔鱼，齐国（今山东）人，比孔子小二十九岁。后世封“先贤梁子”。

颜 幸

颜幸，字子柳，鲁国（今山东）人，比孔子小四十八岁。孔门七十二贤之一。

冉 孺

冉孺，字子鲁，鲁国（今山东）人，比孔子小五十岁。孔门七十二贤之一。

伯虔

伯虔，字子析，鲁国（今山东）人，比孔子小五十岁。一生好学，以儒行著名。

公孙龙

公孙龙，字子石，楚国（今湖北）人，比孔子小五十三岁。孔门七十二贤之一。

公祖句兹

公祖句兹，字子之，鲁国(今山东)人。孔门七十二贤之一，后世封为“即墨侯”。

冉　季

冉季，字子产，鲁国（今山东）人。他是孔门七十二贤之一。

漆雕哆

漆雕哆，字子敛，鲁国（今山东）人。封为“濮阳侯”，孔门七十二贤之一。

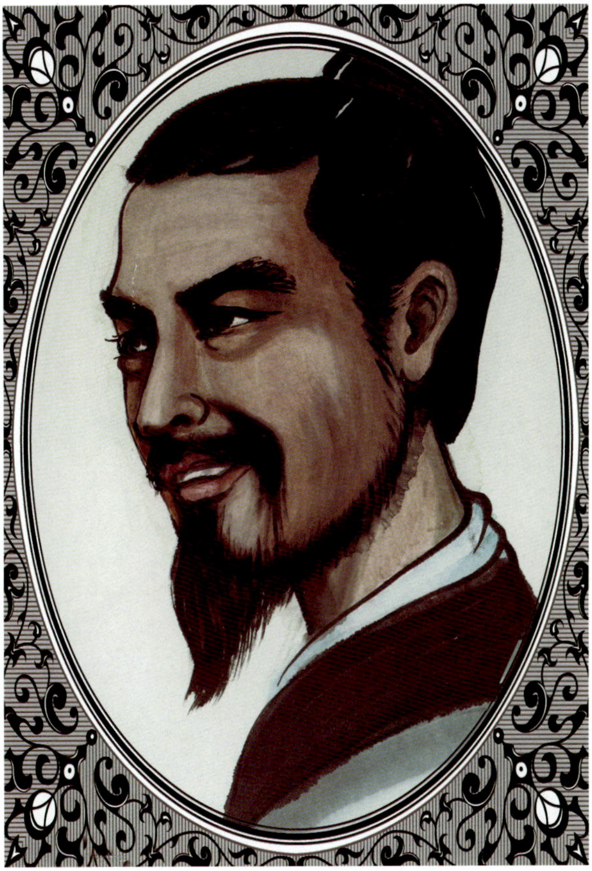

秦祖

秦祖，字子南，秦国（今陕西）人。精通六艺，封为“鄄城侯”，孔门七十二贤之一。

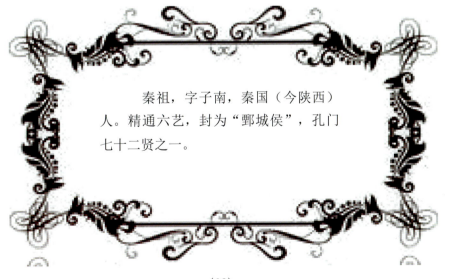

壤驷赤

壤驷赤，字子徒，秦国（今陕西）人。孔门七十二贤之一，号称“陇上儒学贤”。

商 泽

商泽，字子秀，鲁国（今山东）人。封为“先贤商子”，孔门七十二贤之一。

任不齐

任不齐，字子齐，楚国（今湖北）人。精通六艺，尤擅诗、礼、乐，孔门七十二贤之一。

石作蜀

石作蜀，字子明，秦国（今陕西）人。自幼好学，为陇西文化作出了巨大贡献，孔门七十二贤之一。

公良孺

公良孺，字子正，陈国（今河南）人。孔子称他是贤惠而尚勇的人才，孔门七十二贤之一。

后处

后处，字子里，齐国（今河南）人。孔门七十二贤之一，封为“先贤后”。

句进疆

句进疆，字子疆，卫国（今河南）人。孔门七十二贤之一，封为“先贤句子”。

秦　商

秦商，字子丕，鲁国（今山东）人。孔门七十二贤之一，以勇猛著称。

颜之仆

颜之仆，字子叔，鲁国（今山东）人。精通六艺，孔门七十二贤之一。

申 党

申党，字子周，鲁国（今山东）人。孔门七十二贤之一，封为“淄川侯”。

荣 祈

荣祈，字子祈，鲁国（今山东）人。精通六艺，孔门七十二贤之一。

县成

县成，字子祺，鲁国（今山东）人。精通六艺，孔门七十二贤之一。

左人郢

左人郢，字子行，鲁国（今山东）人。孔门七十二贤之一，封为“先贤左子”。

燕　伋

燕伋，字子思，鲁国（今山东）人。学孔子传授周礼、儒学一生，孔门七十二贤之一。

郑 国

郑国，字子徒，春秋末年人。精通六艺，孔门七十二贤之一。

秦 非

秦非，字子之，鲁国（今山东）人。精通六艺，孔门七十二贤之一。

施之常

施之常，字子恒，春秋末年人。孔门七十二贤之一，封为“临濮侯”。

步叔乘

步叔乘，字子车，齐国（今山东河北一带）人。以贤明著称，封为“先步叔子”。孔门七十二贤之一。

颜哙

颜哙，字子声，鲁国（今山东）人。孔门七十二贤之一，封为“先贤颜子”。

乐 咳

乐咳，字子欣，鲁国（今山东）人。孔门七十二贤之一，封为“先贤乐子”。

廉 絜

廉絜，字子庸，卫国（今河南）人。孔门七十二贤之一。封为“胙城侯”、“先贤廉子”。

叔仲会

叔仲会，字子期，鲁国（今山东）人。精通六艺，孔门七十二贤之一。

西公舆

西公舆，字子上，鲁国（今山东）人。精通六艺，孔门七十二贤之一。

孔 忠

孔忠，字子蔑，鲁国（今山东）人。孔门七十二贤之一。封为“郓城侯”、“先贤子蔑”。

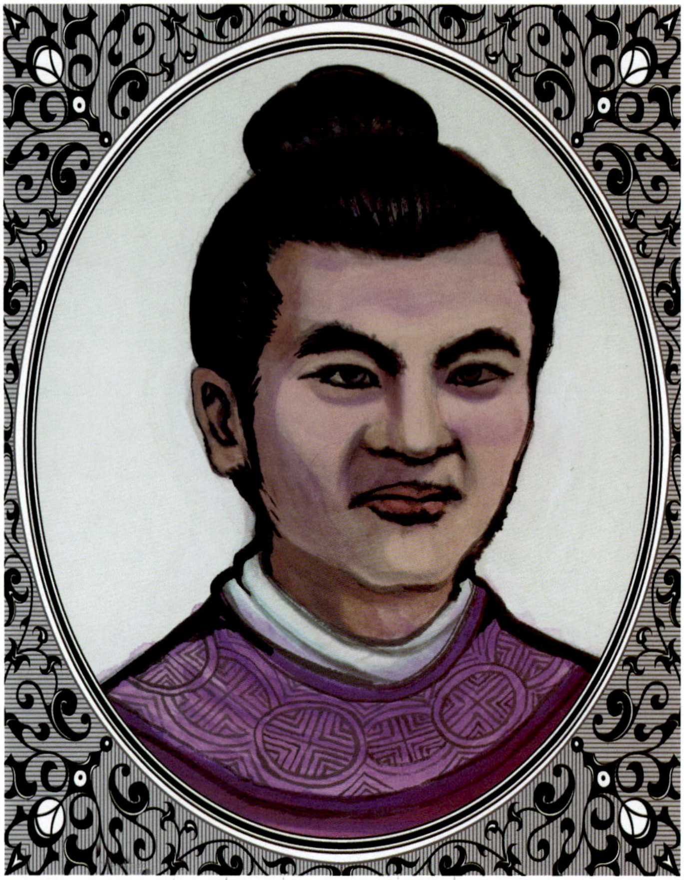

林 放

林放，字子丘，鲁国（今山东）人。比干的二十七代孙，孔子的得意门生。

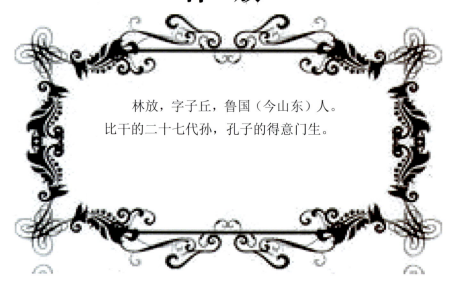

颜 高

颜高，字子骄，鲁国（今山东）人。孔门七十二贤之一。封为“雷译侯”、“先贤颜子”。

颜祖

颜祖，字子襄，鲁国（今山东）人。孔门七十二贤之一，封为“富阳侯”。

曹 恤

曹恤，字子循，蔡国（今河南）人。孔门七十二贤之一，封为“上蔡侯”。

琴 牢

琴牢，字子开，卫国（今河南）人。孔门七十二贤之一，封为“先贤琴子”。

邦巽

邦巽，字子敛，鲁国（今山东）人。孔门七十二贤之一，封为“平阳伯”、“先贤邦子”。

狄 黑

狄黑，字子哲，卫国（今河南）人。精通六艺，孔门七十二贤之一。

陈　亢

陈亢，字子亢，陈国（今河南）人。当宰相时，施德政于民，受后人好评。

公西蒧

公西蒧，字子上。精通六艺，孔门七十二贤之一。

公西舆如

公西舆如，字子上，鲁国（今山东）人。精通六艺，孔门七十二贤之一。

孔子说：

　　可以同他一道学习的人，未必可以同他取得某种成果。可以同他取得某种成果的人，未必可以同他事事依礼而行。可以同他一道事事依礼而行的人，未必可以同他通权达变。

后记

作为一名多年来从事教育事业的工作者和绘画爱好者，我一直有一个心愿，那就是用生动的绘画形式配以简洁的语言来诠释和解读国学经典。一面是中国传统国画，一面是精炼的现代汉语，这种文配图的形式，会比单纯的文言文更易于理解，也更易于青少年学习和深刻领会，从而真正发挥国学的教育作用。

在我看来，生动形象的图画，能极大培养青少年的阅读兴趣。在欣赏优美国画的同时，让青少年深入领会经典著作的深刻内涵，对古代的原文中取其精华继承传承传统美德。这就是我创作本套“画说国学丛书”的初衷。

本套丛书的创作出版，首先要感谢祖先留给我们的宝贵文学财富，这些字字珠玑的文字，是古圣先智慧的结晶，正是借助于他们的智慧，我才能顺利完成自己的创作。学无止境，追求完美的境界也无止境，不断创新，欢迎读者指导，持续完善自己的作品，将是我不懈的追求。

本套丛书的出版，感谢中国书籍出版社的大力支持。还要感谢周奇、旷昕、陈茂勇、岳海军、徐逢蔚等朋友的大力支持。我将有信心把自己的创作坚持下去，为伟大国学的传承贡献自己的绵薄之力。

张乐群

图书在版编目（C I P）数据

画说孔子七十二贤人 / 张乐群著 .—北京：中国书籍出版社，2013.7
ISBN 978-7-5068-3652-4

Ⅰ. ①画… Ⅱ. ①张… Ⅲ. ①孔丘（前 551 ～前 479）—生平事迹—通俗读物②孔丘（前 551 ～前 479）—学生—生平事迹—通俗读物
Ⅳ. ① B222.2-49 ② B222.3-49

中国版本图书馆 CIP 数据核字（2013）第 167941 号

画说孔子七十二贤人

张乐群 著

责任编辑 许艳辉
责任印制 孙马飞 张智勇
封面设计 王琦
出版发行 中国书籍出版社
地　　址 北京市丰台区三路居路 97 号（邮编：100073）
电　　话 (010)52257143（总编室） (010)52257153（发行部）
电子邮箱 chinabp@vip.sina.com
经　　销 全国新华书店
印　　刷 北京潮星印刷有限公司
开　　本 787 毫米 ×1092 毫米　1/16
字　　数 50 千字
印　　张 7.25
版　　次 2013 年 9 月第 1 版　2013 年 9 月第 1 次印刷
书　　号 ISBN 978-7-5068-3652-4
定　　价 38.00

版权所有 翻印必究